Cahier d'écriture

pour apprendre l'alphabet

ARABE

دعونا نتعلم الأبجدية العربية معا

ألف
Alif

FORME ISOLÉE

FORME ATTACHÉE

ALIF MADDA

REMARQUE : Le Alif (ا) fait partie des six lettres qui ne s'entendent pas avec les autres : ils ne : و ز ر ذ د أ s'attachent jamais avec la lettre, ou la voyelle longue, qui les suit.

La lettre بـ

ب FORME ISOLÉE

ب FORME INITIALE

ب FORME MÉDIANE

ب FORME FINALE

La lettre ت

ﺕ ﺕ ﺕ ﺕ ﺕ ﺕ ﺕ   **FORME ISOLÉE**

ﺗ ﺗ ﺗ ﺗ ﺗ ﺗ ﺗ   **FORME INITIALE**

ﺘ ﺘ ﺘ ﺘ ﺘ ﺘ ﺘ   **FORME MÉDIANE**

ﺖ ﺖ ﺖ ﺖ ﺖ ﺖ ﺖ   **FORME FINALE**

La lettre ث

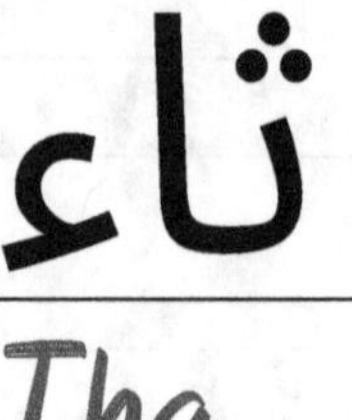
ثاء
Tha

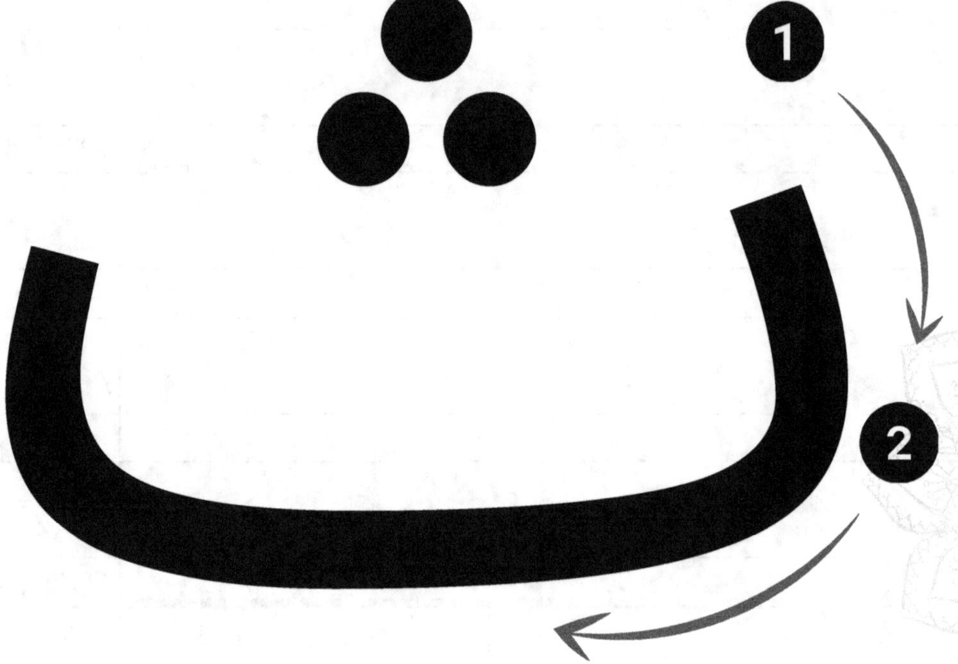
1
2

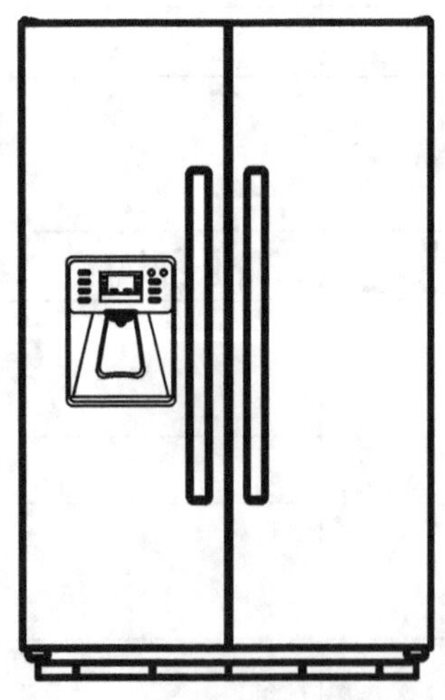

ثلاجَة

ث ث ث ث ث ث ث

FORME ISOLÉE

ثـ ثـ ثـ ثـ ثـ ثـ ثـ

FORME INITIALE

ـثـ ـثـ ـثـ ـثـ ـثـ ـثـ ـثـ

FORME MÉDIANE

ـث ـث ـث ـث ـث ـث ـث

FORME FINALE

جِيم
Djim

جَمَلٌ

FORME ISOLÉE

FORME INITIALE

FORME MÉDIANE

FORME FINALE

حاء
Ha

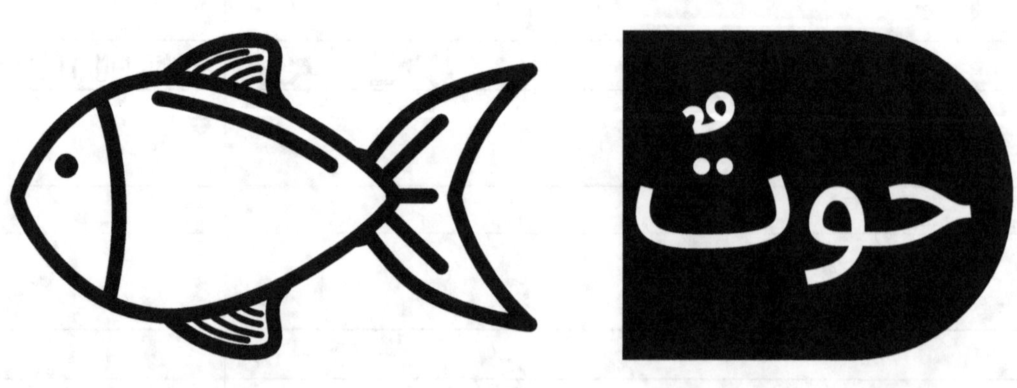

	FORME ISOLÉE
	FORME INITIALE
	FORME MÉDIANE
	FORME FINALE

خاء
Kha

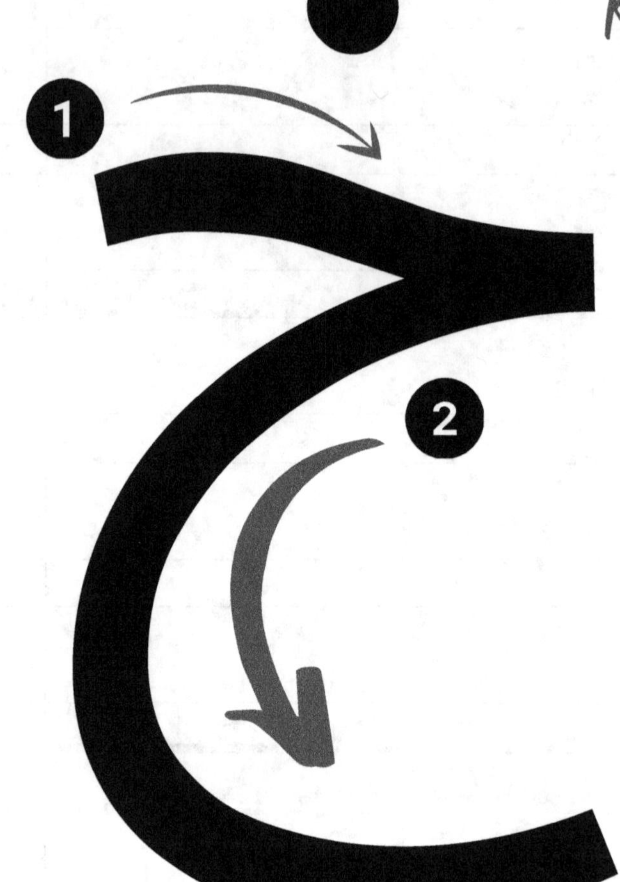

خطّ

خ FORME ISOLÉE

خـ FORME INITIALE

ـخـ FORME MÉDIANE

ـخ FORME FINALE

دال
Del

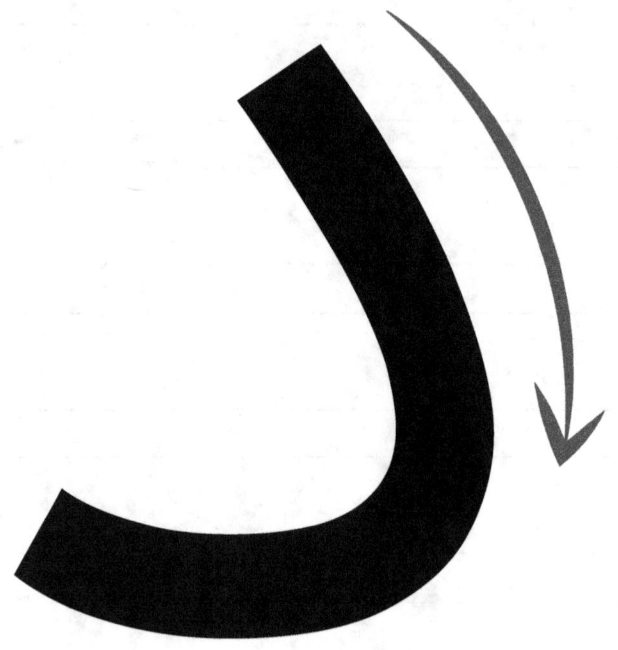

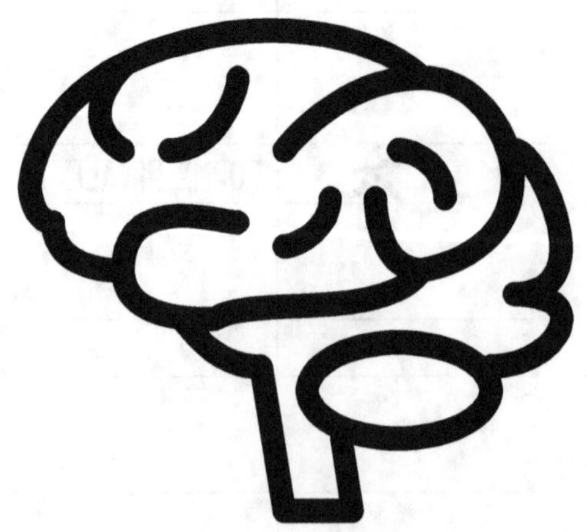

FORME ISOLÉE

FORME INITIALE

FORME MÉDIANE

FORME FINALE

ذال
Dhel

La lettre ذ

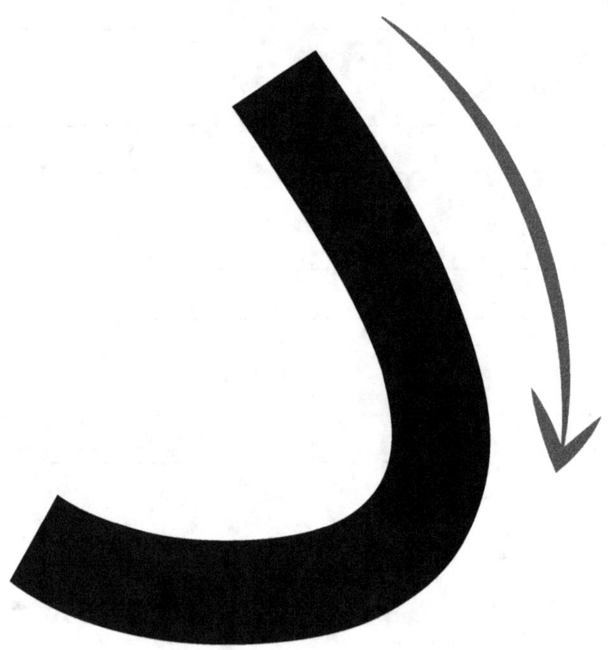

ذُبَابَة

| | | | | | | | | FORME ISOLÉE |
| | | | | | | | ز | |

| | | | | | | | | FORME INITIALE |
| | | | | | | | ز | |

| | | | | | | | | FORME MÉDIANE |
| | | | | | | | ذ | |

| | | | | | | | | FORME FINALE |
| | | | | | | | ذ | |

راء
Ra

La lettre ر

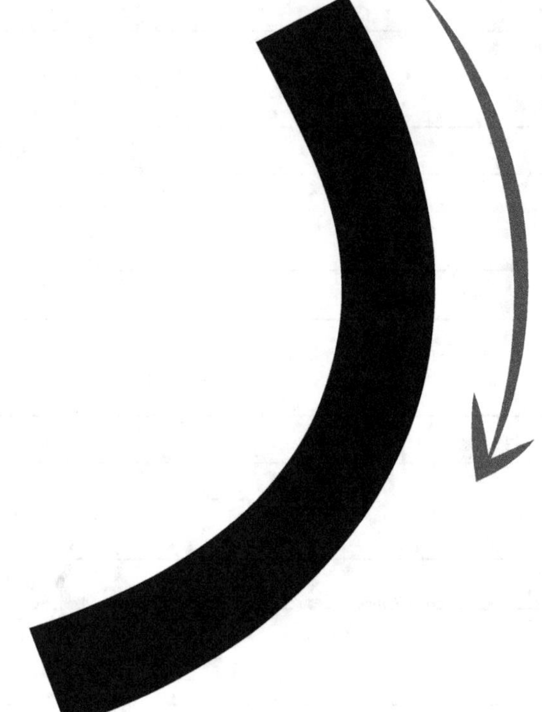

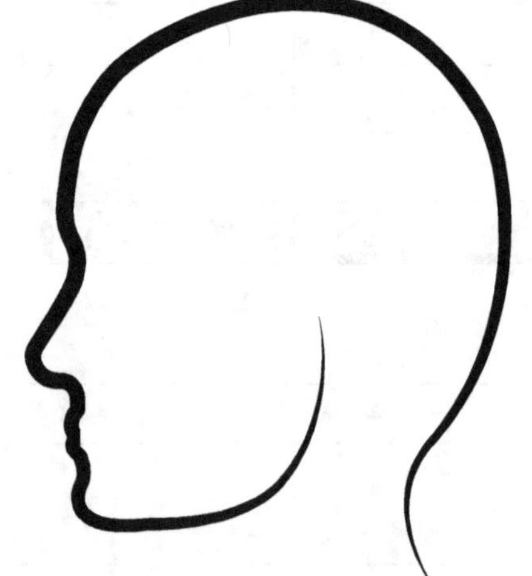

رَأْسٌ

FORME ISOLÉE

FORME INITIALE

FORME MÉDIANE

FORME FINALE

زاي
Zey

La lettre ز

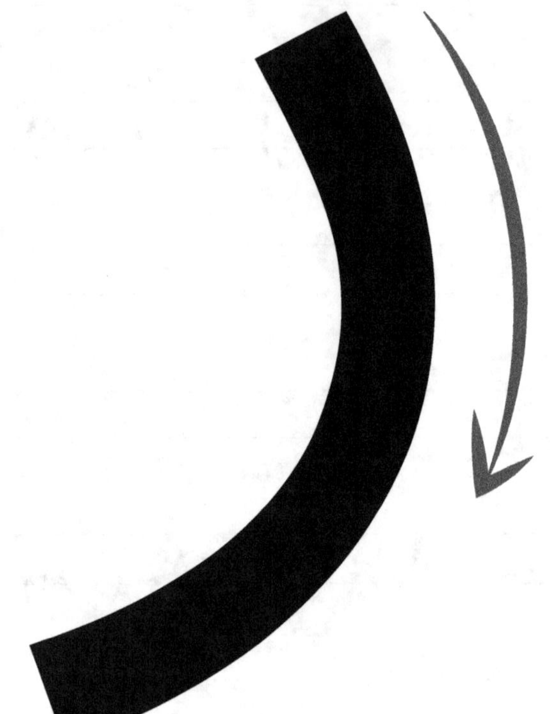

زَرافَةٌ

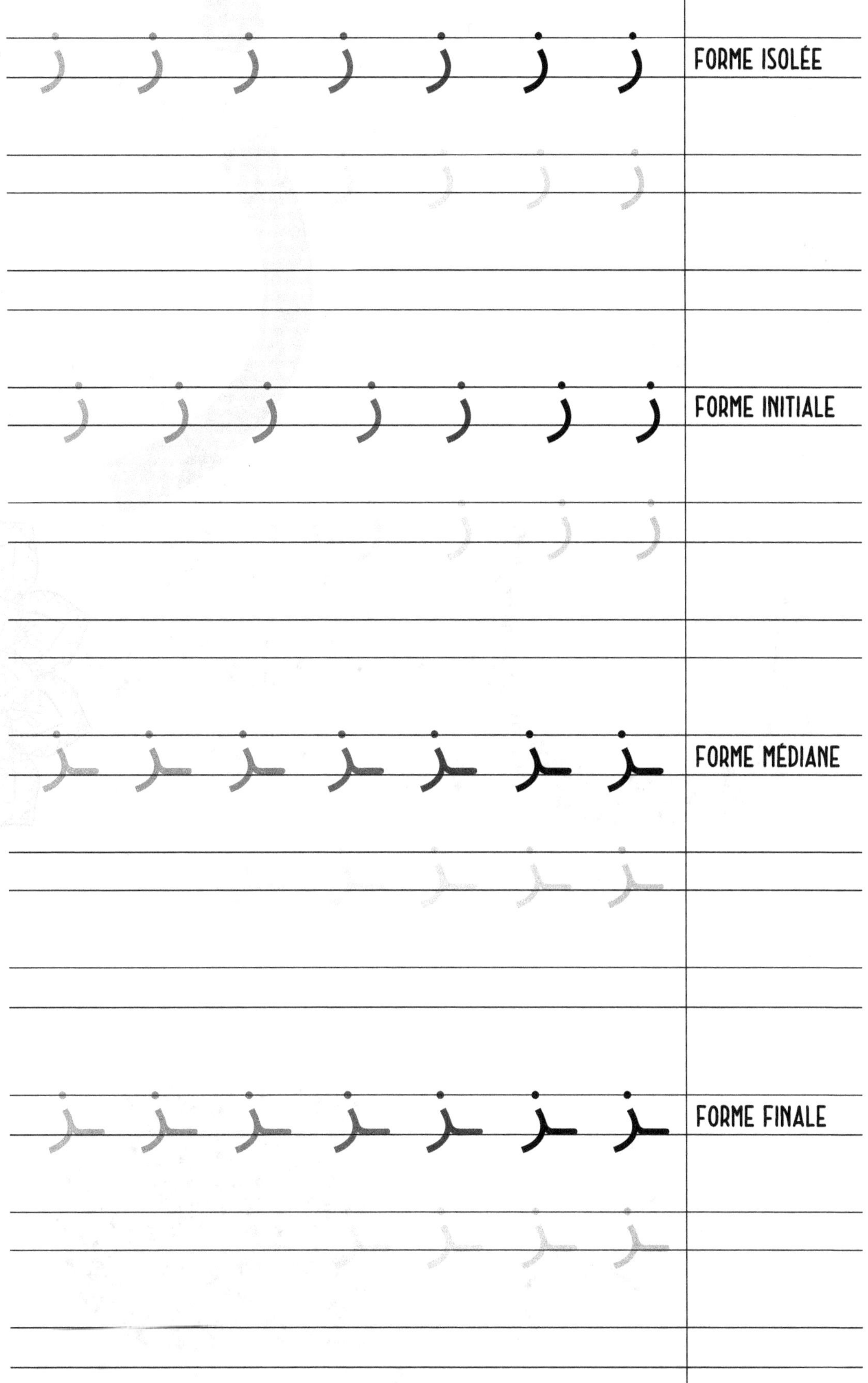

FORME ISOLÉE
FORME INITIALE
FORME MÉDIANE
FORME FINALE

سين
Sine

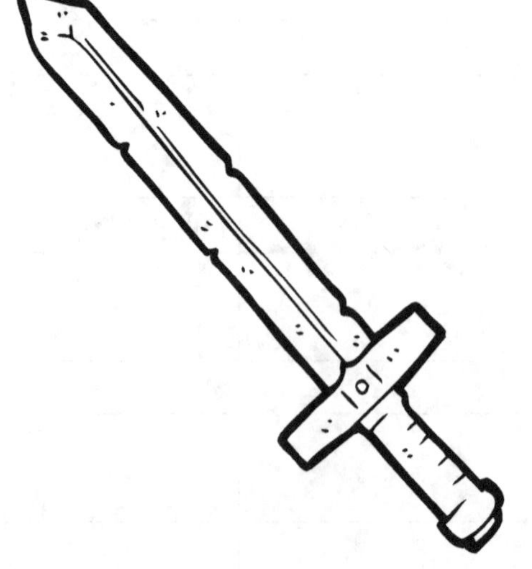

FORME ISOLÉE

FORME INITIALE

FORME MÉDIANE

FORME FINALE

شين

Shine

	FORME ISOLÉE
	FORME INITIALE
	FORME MÉDIANE
	FORME FINALE

صاد
Sad

FORME ISOLÉE

FORME INITIALE

FORME MÉDIANE

FORME FINALE

ضاد
Dad

	FORME ISOLÉE
	FORME INITIALE
	FORME MÉDIANE
	FORME FINALE

طاء
Ta

La lettre ط

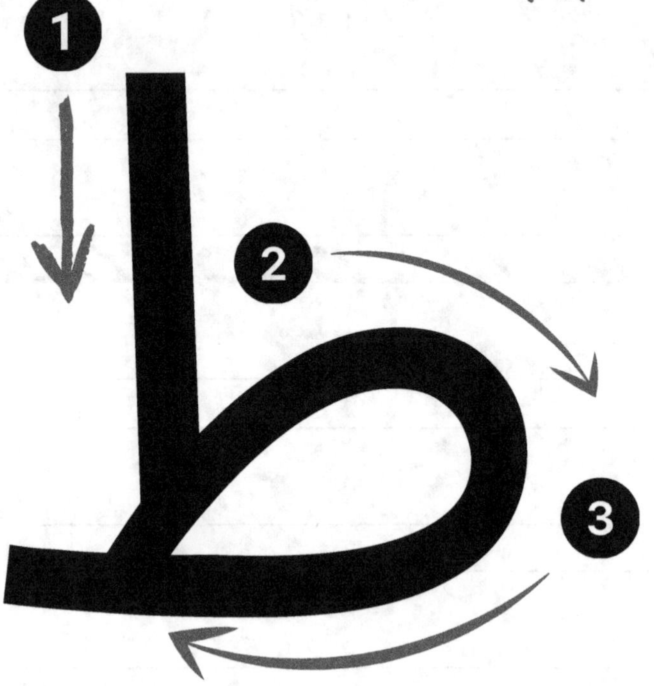

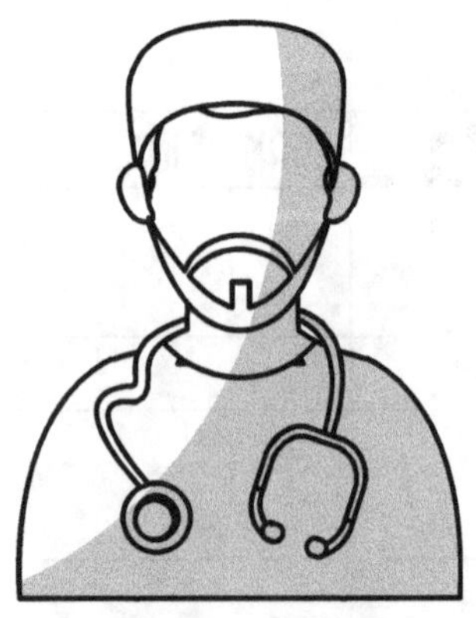

طَبِيبٌ

FORME ISOLÉE

FORME INITIALE

FORME MÉDIANE

FORME FINALE

ظاء

Dha

La lettre ظ

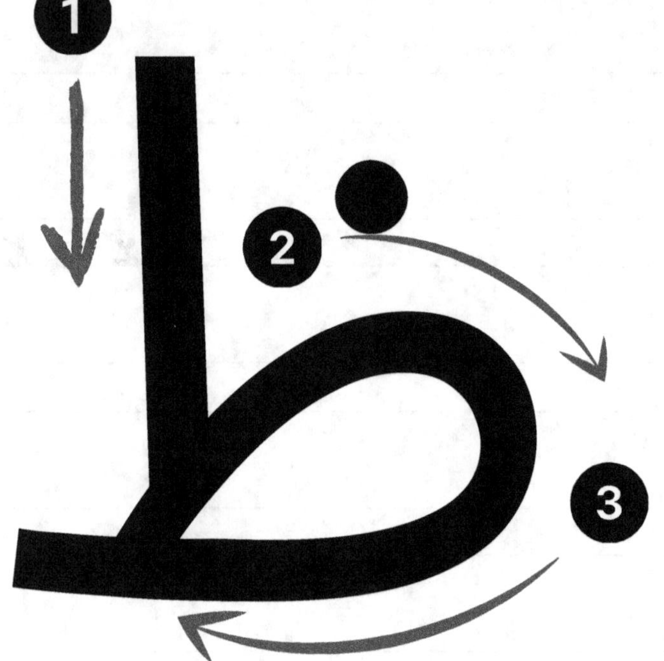

1
2
3

ظَبيٌ

ظ ظ ظ ظ ظ ظ ظ | FORME ISOLÉE

ظ ظ ظ ظ ظ ظ ظ | FORME INITIALE

ظ ظ ظ ظ | FORME MÉDIANE

ظ ظ ظ ظ | FORME FINALE

LES CHIFFRES

١	1
٢	2
٣	3
٤	4
٥	5
٦	6
٧	7
٨	8
٩	9
١٠	10

عين
Ayne

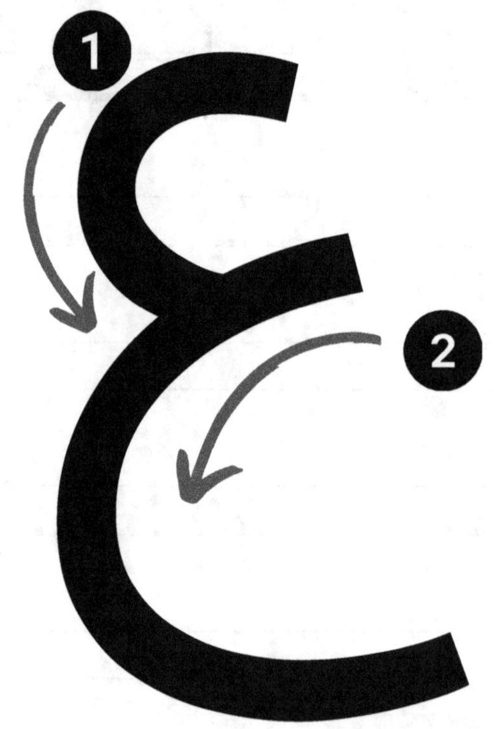

FORME ISOLÉE

FORME INITIALE

FORME MÉDIANE

FORME FINALE

غين
Ghayne

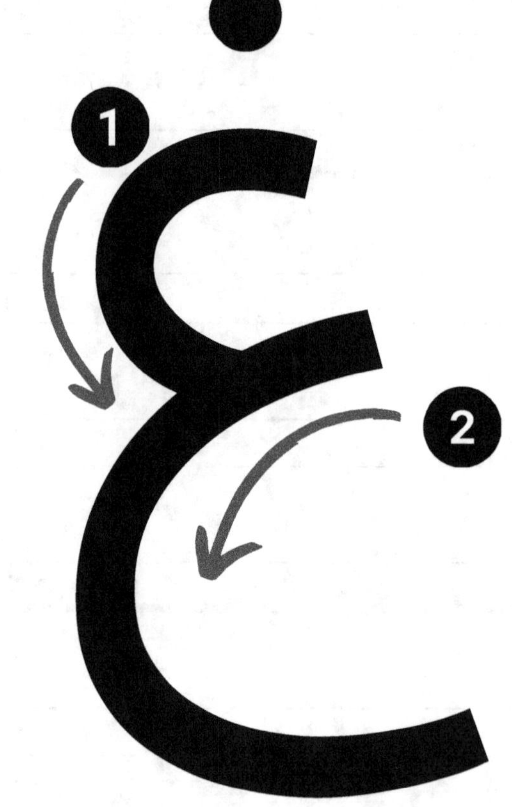

FORME ISOLÉE

FORME INITIALE

FORME MÉDIANE

FORME FINALE

فاء

Fa

	FORME ISOLÉE
ف ف ف ف ف ف ف	
ف	

	FORME INITIALE
ف ف ف ف ف ف	
ف	

	FORME MÉDIANE
ـفـ ـفـ ـفـ ـفـ ـفـ ـفـ ـفـ	
ـفـ	

	FORME FINALE
ـف ـف ـف ـف	
ـف	

قاف
Qaf

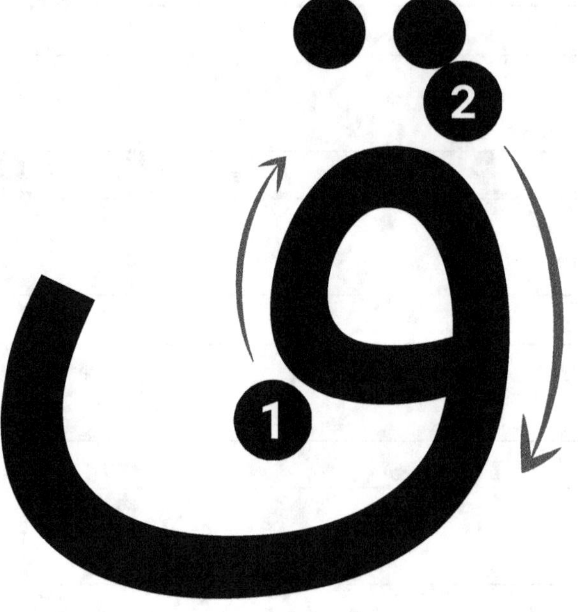

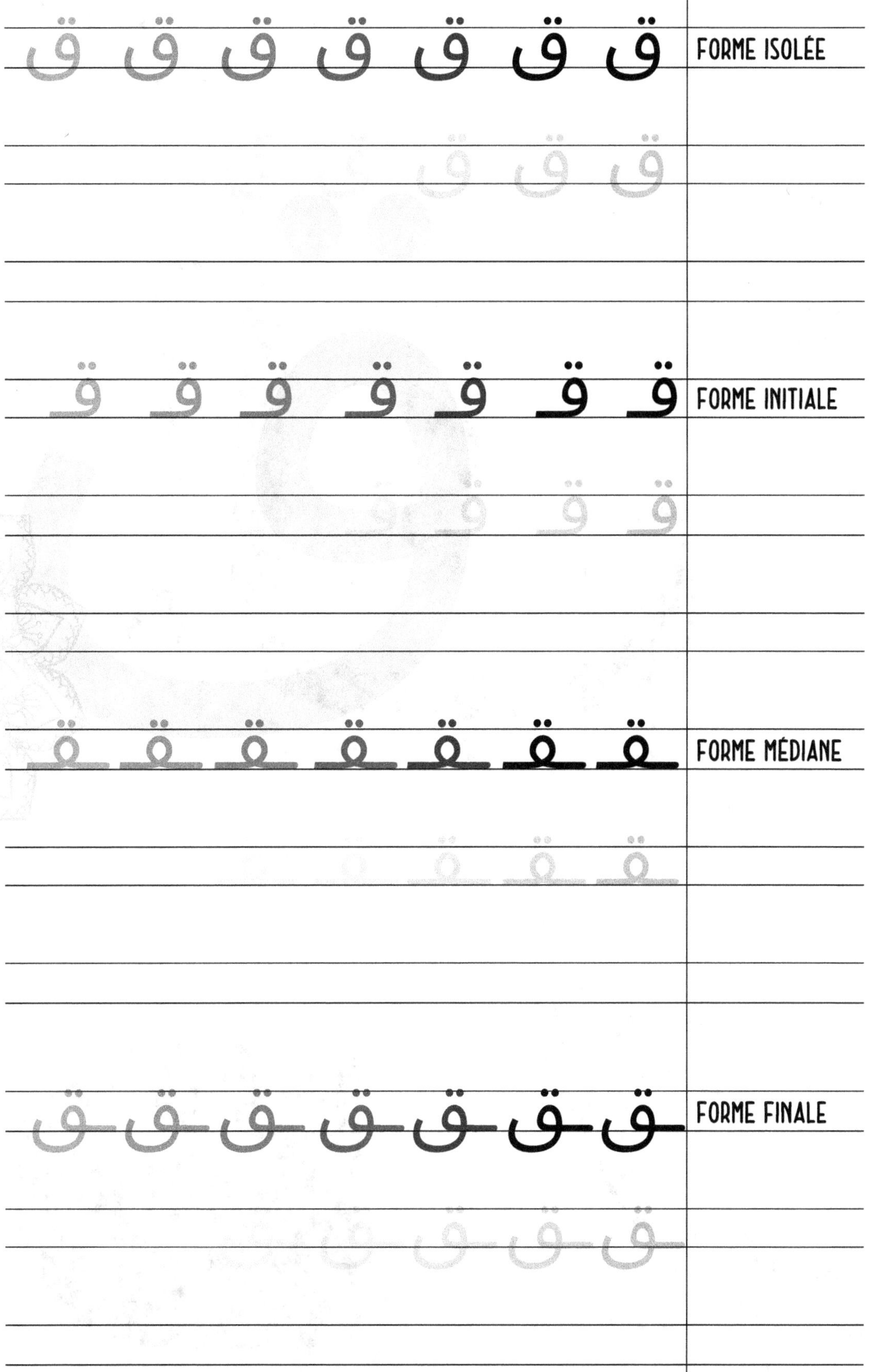

FORME ISOLÉE
FORME INITIALE
FORME MÉDIANE
FORME FINALE

كاف
Kef

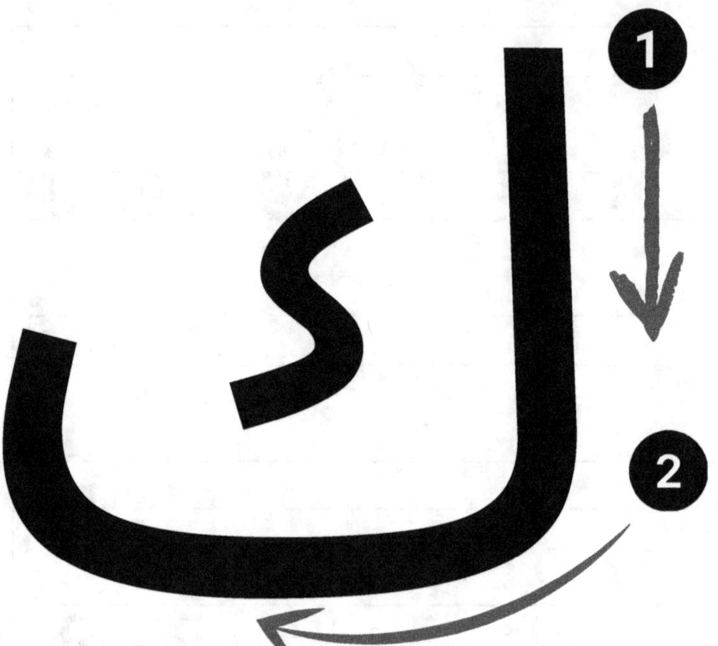

FORME ISOLÉE

FORME INITIALE

FORME MÉDIANE

FORME FINALE

لام
Lem

La lettre ل

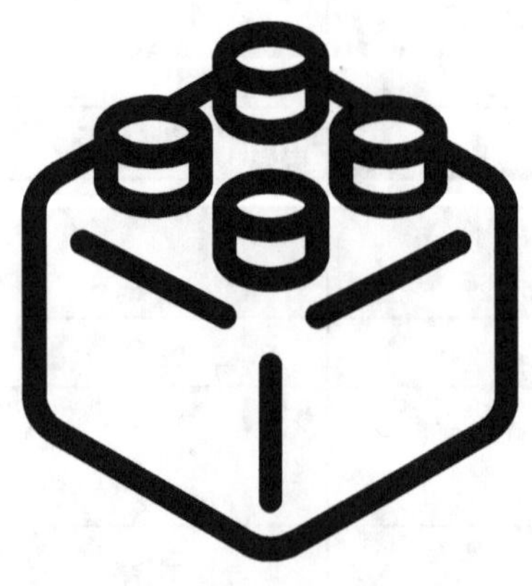

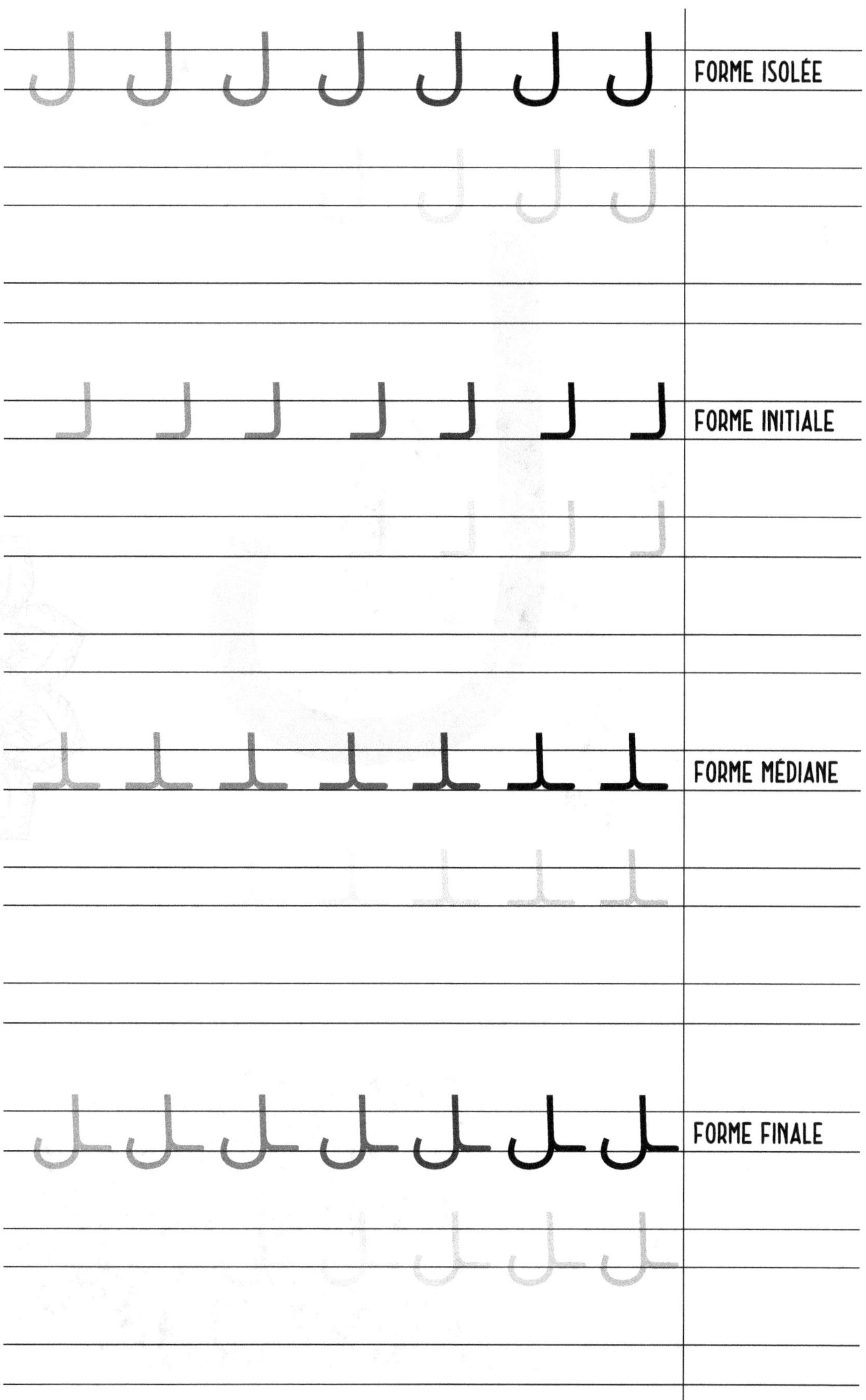

FORME ISOLÉE
FORME INITIALE
FORME MÉDIANE
FORME FINALE

ميم
Mim

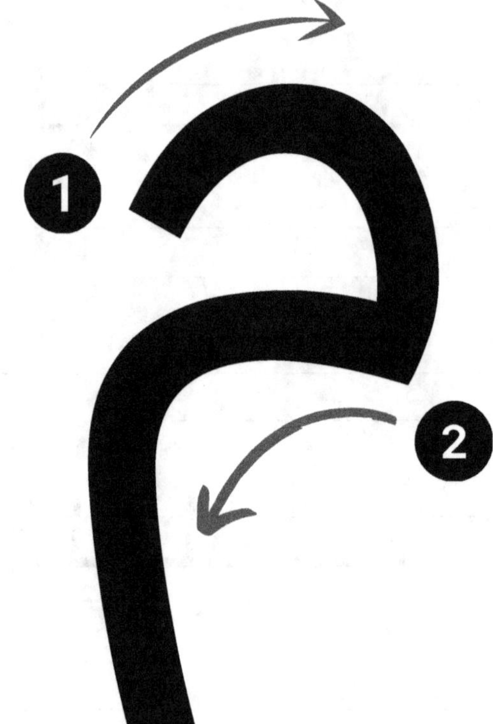

FORME ISOLÉE

FORME INITIALE

FORME MÉDIANE

FORME FINALE

نون
Noune

La lettre ن

نَجْمٌ
Noune

FORME ISOLÉE
FORME INITIALE
FORME MÉDIANE
FORME FINALE

هاء
_Ha_

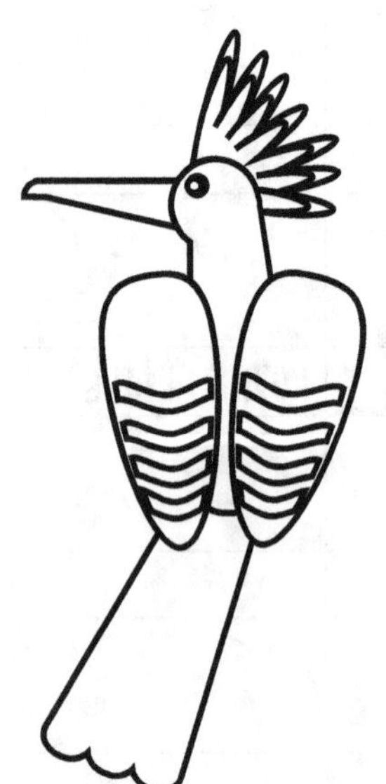

FORME ISOLÉE
FORME INITIALE
FORME MÉDIANE
FORME FINALE

واو
Waw

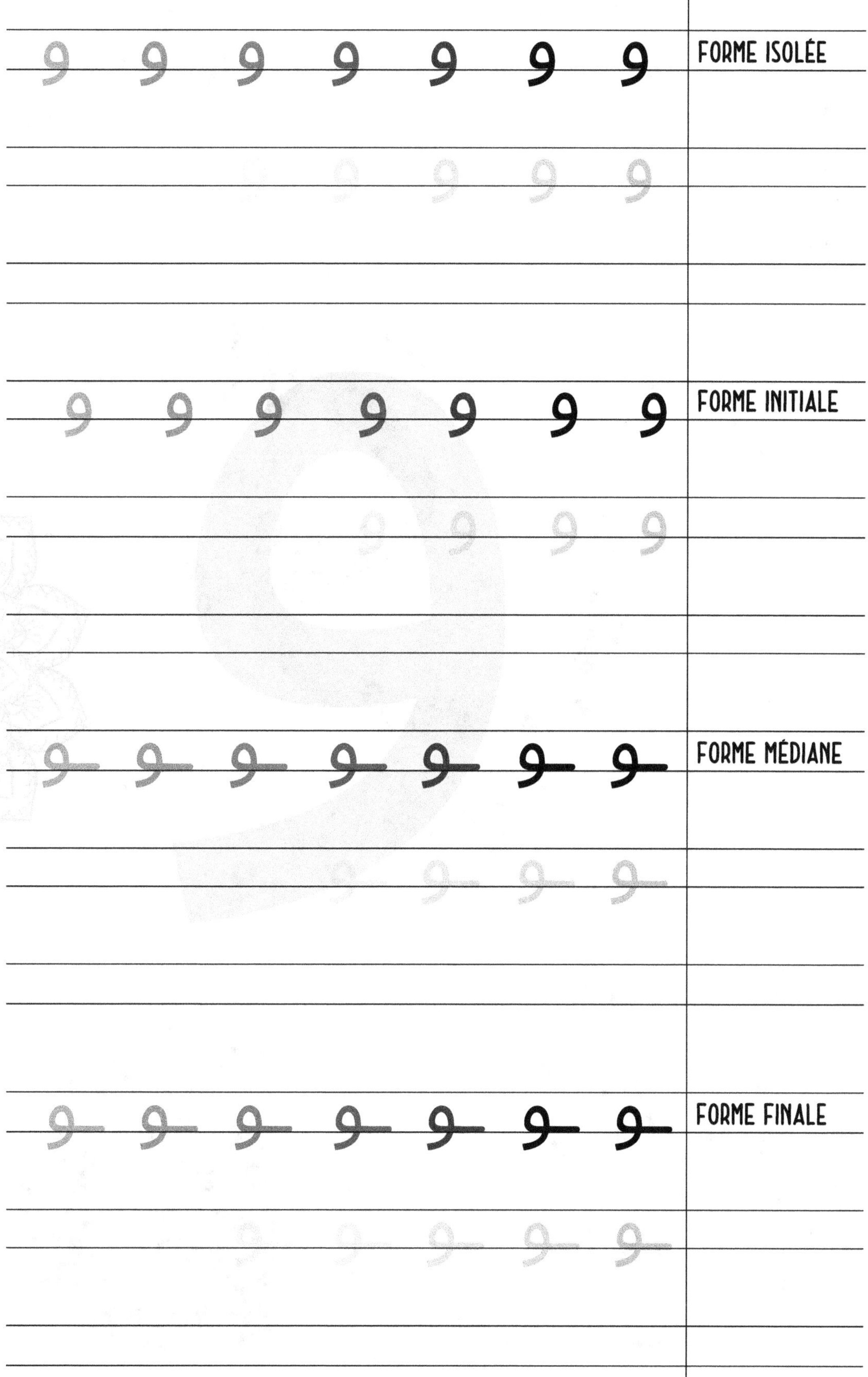

FORME ISOLÉE
FORME INITIALE
FORME MÉDIANE
FORME FINALE

يَاء
Ya

La lettre ي

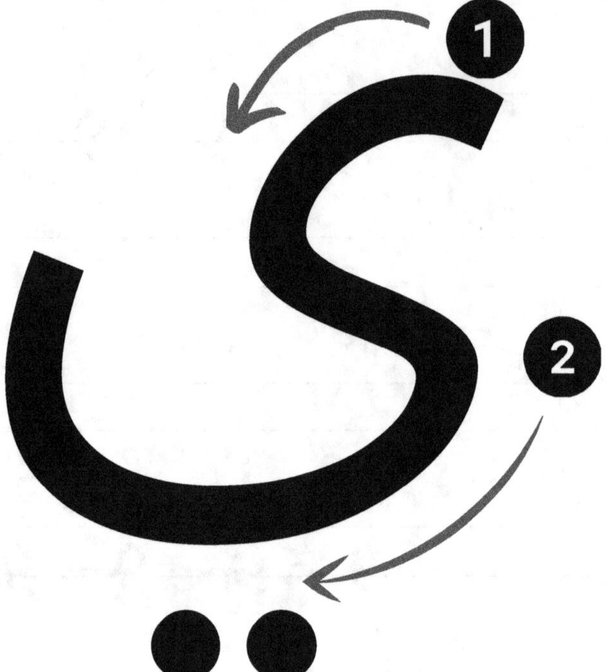
1
2

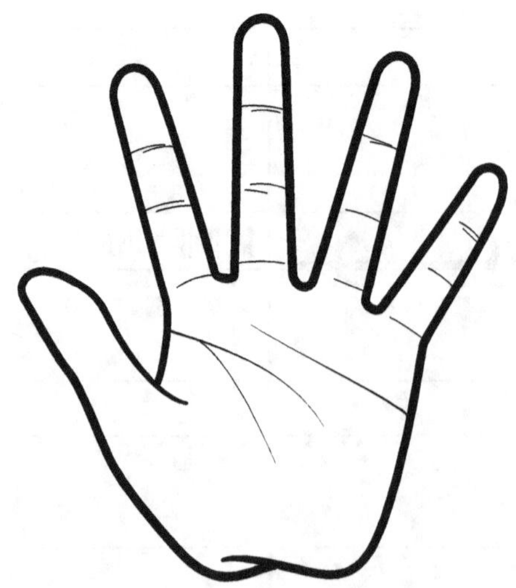

يَدٌ

ي ي ي ي ي ي ي ي

ي ي ي ي ي ي ي

ـيـ ـيـ ـيـ ـيـ ـيـ ـيـ ـيـ ـيـ

ـي ـي ـي ـي ـي ـي ـي

Parfois on trouve au dessus des consonnes un petit cercle, un rond, comme dans نَجْمٌ. Il s'agit de la Soukoune, un signe qui marque cette consonne n'est munie d'aucune voyelle.

La Chadda est un signe place au-dessus de la consonne pour marquer son redoublement, sans que cette consonne soit ecrite deux fois : مُلَخَّص

Il existe en arabe quatre lettres emphatiques : ص ض ط ظ dont la prononciation est plus lourde que celle des quatres lettres non emphatiques qui leurs correspondent : س د ت ذ

Les lettres arabes, s'ecrivent enchainees les unes aux autres, qu'elles soient manuscrites ou imprimees, a l'exception de quelques lettres qui ne s'attachent pas a la lettre qui les suivent : ا د ذ ز و

La langue arabe contient 28 lettres. Contrairement au Francais et a nombreuses autres langues, l'ecriture de l'arabe se fait de droite a gauche.

ECRIRE LES LETTRES EN ATTACHÉ

ا ب ح ر م

ا ر ك ش

أ ر ب ع ة

ا ل س ل ا م ع ل ي ك م

ف ط و ر

د ل و

م ط ب خ

ن ع م

ق م ص

ا ل ف ر ن س ي ة

ط ا ل ب

ص ي د ل ي ة

Djim	Tha	Ta	Ba	Alif
ج	ث	ت	ب	ا
Ra	Dhel	Del	Kha	Ha
ر	ذ	د	خ	ح
Dad	Sad	Shine	Sine	Zey
ض	ص	ش	س	ز
Fa	Ghayne	Ayne	Dha	Ta
ف	غ	ع	ظ	ط
Noune	Mim	Lem	Kef	Qaf
ن	م	ل	ك	ق
	Ya	Hamza	Waw	Ha
	ي	ء	و	ه

Merci d'avoir acheté notre livre !

Si vous aimez ce livre, nous apprécierons votre avis sur Amazon.

Pour ce faire, rendez~vous sur la page Amazon de ce livre et cliquez sur "Ecrire mon avis"

Merci beaucoup !